BEI GRIN MACHT SICH IHR WISSEN BEZAHLT

- Wir veröffentlichen Ihre Hausarbeit, Bachelor- und Masterarbeit

- Ihr eigenes eBook und Buch - weltweit in allen wichtigen Shops

- Verdienen Sie an jedem Verkauf

Jetzt bei www.GRIN.com hochladen und kostenlos publizieren

Bibliografische Information der Deutschen Nationalbibliothek:

Die Deutsche Bibliothek verzeichnet diese Publikation in der Deutschen National-
bibliografie; detaillierte bibliografische Daten sind im Internet über http://dnb.d-
nb.de/ abrufbar.

Impressum:

Copyright © 2017 GRIN Verlag, Open Publishing GmbH
Druck und Bindung: Books on Demand GmbH, Norderstedt Germany
ISBN: 9783668462960

Dieses Buch bei GRIN:

http://www.grin.com/de/e-book/367267/allgemeine-psychologie-ii-aktuelle-forschun-
gen-zu-affekt-motivation-und

Melissa Quantz

Allgemeine Psychologie II. Aktuelle Forschungen zu Affekt, Motivation und räumlicher Aufmerksamkeit

Eine Übersicht

GRIN Verlag

GRIN - Your knowledge has value

Der GRIN Verlag publiziert seit 1998 wissenschaftliche Arbeiten von Studenten, Hochschullehrern und anderen Akademikern als eBook und gedrucktes Buch. Die Verlagswebsite www.grin.com ist die ideale Plattform zur Veröffentlichung von Hausarbeiten, Abschlussarbeiten, wissenschaftlichen Aufsätzen, Dissertationen und Fachbüchern.

Besuchen Sie uns im Internet:

http://www.grin.com/

http://www.facebook.com/grincom

http://www.twitter.com/grin_com

Allgemeine Psychologie II:

Aktuelle Forschungen zu Affekt, Motivation und räumlicher Aufmerksamkeit.

Eine Übersicht.

Melissa Quantz, 2017

Inhaltsverzeichnis

1. Übersicht: Amodio et al., 2004
Implicit Regulatory Focus Associated With Asymmetrical Frontal Activity

Theoretischer Hintergrund und Hypothesen

- Strategien zur Zielerreichung sind abhängig von motivationaler Richtung:
  - o *approach:* assoziiert mit links-frontaler kortikaler Aktivität
  - o *avoidance:* assoziiert mit rechts-frontaler kortikaler Aktivität

- Regulatory focus theory
  - o *promotion:* assoziiert mit approach und fokussiert auf Ideale (Hoffnungen, Wünsche)
  - o *prevention:* assoziiert mit avoidance und fokussiert auf Soll-Zustand (Pflichten, Verantwortung)

- ➤ Hinweise auf Zusammenspiel zwischen Regulationsfokus und motivationaler Richtung!
  - o Regulationsfokus identifiziert Ziele (Ideal vs. Soll)
  - o approach und avoidance beeinflussen die Mittel zur Zielerreichung

- Ziel der Forschung:
  - o Beschreibung der Beziehung zwischen sozial-kognitiven und psychophysiologischen Aspekten von Zielen, Motivation und Emotion

- Hypothesen:
  - o H1: Assoziation von promotion-focus mit links-frontaler kortikaler Aktivität
  - o H2: Assoziation von prevention-focus mit rechts-frontaler kortikaler Aktivität

Methodik

- Stichprobe: 12 weibliche und 7 männliche rechtshändige Probanden
- Messung Regulationsfokus:
  - o je vier Worte, die persönliche Ideale und Soll-Zustand repräsentieren

2

- o je vier Worte, die Ideale und Soll-Zustand bestimmter Berufsgruppen repräsentieren (filler trials)
- o Reaktionszeitmessung (RT) bei Zuordnung von Wörtern (Wort vs. kein Wort)
  - ➢ Wort = zuvor genannte Wörter bei Idealen und Soll-Zuständen
- Messung Ruhe-EEG (frontal, zentral, temporal, parietal, okzipital)
- Berechnung der Korrelation zwischen kortikaler Aktivität und Regulationsfokus (über RT festgestellt)

<u>Ergebnisse</u>

- promotion-focus korreliert positiv mit linker frontaler Aktivität und negativ mit rechter frontaler Aktivität
- prevention-focus korreliert positiv mit rechter frontaler Aktivität und negativ mit linker frontaler Aktivität
- prevention- und promotion-focus korrelieren nicht mit Aktivität anderer Hirnregionen
- Reaktionszeiten bei filler trials korrelieren nicht signifikant mit kortikaler Aktivität

<u>Diskussion</u>

- Regulationsfokus und motivationale Orientierung = separate, interagierende Systeme
- Gebiete des präfrontalen Kortex sind bei der Zielrepräsentation und Organisation von zielgerichtetem Verhalten involviert
- ➢ Zusammenhang zwischen frontaler Asymmetrie und behavioralen Aspekten (approach; avoidance) zur Zielerreichung indirekt bestätigt
- weitere Forschung bzgl. Zusammenhang zwischen Emotionen und Zielen notwendig

2. Übersicht: Cattaneo et al., 2014
Happiness Takes You Right: The Effect Of Emotional Stimuli On Line Bisection

Theoretischer Hintergrund und Hypothesen

- unterschiedliche Befunde bzgl. der valenzabhängigen Lateralisation von Emotionen: Wo werden valenzabhängige Emotionen verarbeitet?
  - ➤ Right-Hemisphere-Modell: Emotionen werden ungeachtet ihrer Valenz eher in der RH verarbeitet
  - ➤ Valence-Model: positive Emotionen werden in der LH, negative in der RH verarbeitet
  - ➤ valenzabhängige Lateralisation hängt eventuell mit Gender, Erregungslevel, Verhaltenstendenz u.Ä. zusammen
- wenn induzierte Emotionen die Hemisphären verschieden beanspruchen; führt die Hemisphäre mit mehr Aktivierung zu mehr Bias gegenüberliegend, also nach Valence-Model:
  - ➤ H1: pos. Emotionen führen zu mehr Aktivierung links und damit zu mehr Bias rechts
  - ➤ H2: neg. Emotionen führen zu mehr Aktivierung rechts und damit zu mehr Bias links/mehr Pseudoneglect
  - ➤ F1: Besteht die valenzabhängige, hemisphärische Spezialisation für Emotionen auch, wenn der Reiz nicht anhaltend wahrgenommen wird?

Experiment 1

- 24 Gesichts-Emotions-Stimuli (Lacheln, Neutral, Weinen), visuelle Linienbisektion (Linien mit 2 versch. Längen und Positionswechsel mit Flanker (entweder leer oder mit Gesicht)): Block-Design mit Gedächtnistest zum Stimuli nach 3 Trials
- Pseudoneglect zeigt sich in Baseline- & neutraler Kondition
- pos. Emotionen (Gesichter) führen zu mehr Bias nach rechts

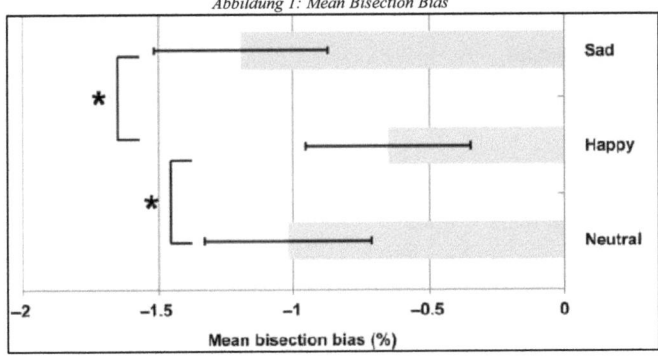

Abbildung 1: Mean Bisection Bias

Cattaneo et al., 2014, S. 332

4

Experiment 2

- 10s Audio-Emotions-Stimuli (Lachen, Hmm, Weinen), haptische Linienbisketion mit verbundenen Augen (mit 30, 35, 40, 45cm Stock, den man mit Zeigefinger in eine Richtung befühlen kann): Block-Design
- Pseudoneglect zeigt sich in Baseline- und neutrale Kondition
- pos. Emotionen (Lachen) reduziert Bias nach links

Experiment 3

- Setting des Exp. 1 ohne Block-Design, danach Bewertung der Valenz jeden Gesichts und Audios

Abbildung 2 Mean Bisection Bias (2)

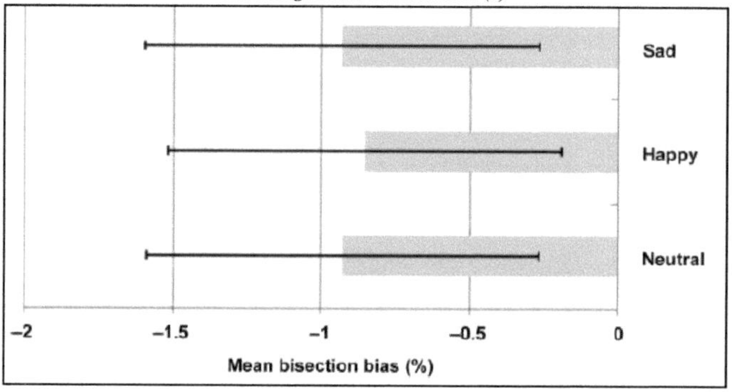

Cayttaneo et al., 2014, S. 336

- keine sign. Haupteffekte bei Linienbisektion mehr!
- Gesichts-Rating: Frauen raten Emotionen höher, wenn es sich um ein Frauengesicht handelt
- Audio-Rating: Emotionen werden stärker beim Lachen der Frau wahrgenommen

Diskussion

- in Exp. 1 & 2 führen pos. Emotionen zu mehr Bias rechts; teilweise greift also das Valence-Model (die LH verarbeitet pos. Emotionen) jedoch gibt es keine Differenzierung für negative oder neutrale Stimuli, obwohl die Valenz neutraler und negativer Stimuli bestätigt wurde – Warum?
  - ➤ generell beeinflussen emotionale Stimuli das Level der Erregung; der Bias nach rechts könnte also ein Effekt der generellen Erregung sein (hier würde die höhere Beteiligung der LH bei der Verarbeitung positiver Emotionen per se zu mehr rechtem Bias durch mehr Erregung führen – diesem rechten Bias würde mit negativen Emotionen, die eher die RH verarbeitet, entgegengewirkt werden, sodass gar kein Bias mehr messbar ist)

5

- wenn mehrere Faktoren zu einer Richtungsverschiebung bei der Bisketion beitragen, wird eine Obergrenze erreicht, bei der Bias vom perzeptuellen System nicht mehr toleriert wird
- positive Stimuli erregen mehr als negative Stimuli (mehr Bias)
- Lateralisationseffekte nur im Blockdesign!
  - es entsteht eine Erwartung für best. Stimuli, die die entspr. Hemisphäre aktiviert / "Ansteckung" mit wahrgenommenen Emotionen

3. Übersicht: Chieffi et al., 2014
   Flanker Interference Effects In A Line Biscetion Task

<u>Theoretischer Hintergrund</u>

- Line Bisection Task: Probanden müssen die subjektiv wahrgenommene Mitte vorgegebener Linien kennzeichnen
- Neglect: bei einer unilateralen Hirnläsion (insbesondere in der rechten Hemisphäre) wird die der Läsion gegenüberliegende Umgebung schlechter oder gar nicht wahrgenommen
- ➢ Tendenz, die Mitte der Linie zu weit rechts zu kennzeichnen
- Pseudoneglect: Bessere Wahrnehmung bzw. Bevorzugung des linken Gesichtsfelds in einer gesunden Population
- ➢ Tendenz, die Mitte der Linie zu weit links zu kennzeichnen
- Aber: abhängig von Stimulus- (Linienlänge) & Kontextfaktoren (Aufmerksamkeitskapazität, Lateralisation des Gehirns)
- Der Einsatz von Hinweisreizen (cues) während der Line Bisection Task beeinflusst ebenfalls das Verhalten der Probanden:
  - o Bei Hinweisreizen rechts oder links neben der Line (auf gleicher Höhe!) wird die Salienz der Linie auf der Seite mit Hinweisreiz erhöht
  - ➢ die Probanden überschätzen die Länge der Seite mit Flankierreiz und setzen den Mittelpunkt weiter Richtung Cue
  - o Hinweisreize rechts oder links, die ober- bzw. unterhalb der Linie erscheinen, erhöhen den Attentional Load der Probanden, wodurch die Salienz der Linie auf der Seite des Flankierreizes abnimmt
  - ➢ die Probanden unterschätzen die Länge der Seite mit Flankierreiz und kennzeichnen den Mittelpunkt in Richtung der Seite ohne Cue
  - o Studien mit Landmark Task (vorgeteilte Linien müssen dahingehend bewertetwerden, ob die rechte oder linke Seite länger ist) und Hinweisreizen oberoderunterhalb der Linie kommen zum gleichen Ergebnis: die Länge der Seite mitFlankierreiz wird unterschätzt, sodass der subjektiv wahrgenommene Mittelpunkt näher zur gegenüberliegenden Seite rückt, weg vom Fokus der Aufmerksamkeit
  - ➢ Attentional Repulsion Effekt

Fragestellung

- Inwiefern hat die Position von Flankierreizen (rechts/links, Abstand zur Mitte) einen
  Einfluss auf den Line Bisection Error der Probanden?
- Verändert sich die Größe des Line Bisection Errors, wenn der Flankierreiz für eine im
  Anschluss auszuführende Aufgabe noch relevant war?

Methodik

- N=80 (Rechts- und Linkshänder)
- In mehreren Durchgängen wurde den Probanden eine Linie präsentiert mit einem
  schwarzen Punkt als Flankierreiz, der unterschiedlich platziert war (rechts oder links,
  ober- oder unterhalb der Linie und mit drei verschiedenen Entfernungen zum Mittelpunkt)
- Mehrere Kontrolldurchgänge ohne Flankierreiz
- B-Task: Probanden sollten die Linie in der Mitte teilen
- BR-Task: Probanden sollten die Linie in der Mitte teilen und anschließend die Hand
  zum Punkt ausstrecken und den Punkt durchstreichen
- Berechnung des Line Bisection Errors (LBE): Abweichung vom wahren Mittelpunkt,
  positive Werte= Abweichung nach rechts, negative Werte= Abweichung nach links
- Experimental LBE: Differenz der LBEs zwischen Kontroll- und Experimentalbedin-
  gungen (positiver Wert: subjektiver Mittelpunkt in den Experimentaldurchgängen ist
  weiter vom Flankierreiz entfernt als in den Kontrolldurchgängen)

Ergebnisse

- Zweiseitiger t-Test: Abweichung des durchschnittlichen LBEs (unabhängig von der
  Bedingung) von 0
    o Abweichung war signifikant (Der subjektive Mittelpunkt liegt signifikant wei-
      ter links als der wahre Mittelpunkt à Pseudoneglect)
- Zweiseitiger t-Test: Abweichung des Experimental LBEs von 0
    o Experimental LBE ist signifikant größer als 0 à Subjektiver Mittelpunkt in den
      Experimentaldurchgängen ist weiter vom Flankierreiz entfernt als in den Kon-
      trolldurchgängen

8

- Hand Dominance und Task (B vs. BR) hatten keinen Einfluss auf den LBE in der Kotrollbedingung (ANOVA)
- Signifikante Haupteffekte von Task und Dot Distance (ANOVA) auf den Experimental LBE
  o Experimental LBE war in der BR-Task signifikant höher als in der B-Taks
  o Je höher die Dot Distance (je näher der Punkt am Mittelpunkt), desto größer der Experimental LBE
- Signifikanter Interaktionseffekt von Task und Dot Position auf den Experimental LBE
  o Der Effekt der Aufgabe (B vs. BR-Task) auf den Experimental LBE ist größer, wenn der Punkt auf der linken Seite präsentiert wird (der Exp. LBE in der BR Task ist größer wenn der Hinweisreiz links ist, als wenn er rechts ist)

Diskussion

- Der Flankierreiz führte dazu, dass der subjektive Mittelpunkt weiter auf der dem Reiz gegenüberliegenden Seite war à konsistent mit dem Attentional Repulsion Effekt
- Der LBE wurde mit zunehmender Entfernung des Punktes von Linienende größer à je weiter mittig der Punkt, desto größer der Attentional Load
- Die Probanden, die die Linie teilten und anschließend den Punkt erreichen sollten (BR-Task), hatten einen größeren LBE als diejenigen, die nur die Linie teilen sollten (B-Task)
  o Wenn zwei Aktionen in Folge durchgeführt werden sollen, kann das Wissen um die zweite Aktion das Verhalten bei der ersten beeinflussen
  o In der BR-Task richteten die Probanden ihre Aufmerksamkeit stärker auf den Punkt, da dieser für die nächste Aufgabe noch relevant war → hoher AttentionLoad → geringere Salienz der Seite der Linie, auf der der Flankierreiz präsentiert wurde → Unterschätzung der Länge
- Der Effekt der BR-Task auf den LBE war bei linken Flankierreizen größer als bei rechten
  o Möglicherweise ist die Salienz eines Reizes im linken Gesichtsfeld größer, sodass die Salienz der linken Linienhälfte kleiner wird
  o die linke Hemisphäre ist besser in der Lage, irrelevante visuelle Informationen zu filtern, was zu einem geringeren LBE durch Flankierreize auf der rechten Seite führt

9

4. Übersicht: Duecker et al., 2013
   Hemispheric Differences In The Voluntary Control Of Spatial Attention: Direct Evidence For A Right-Hemispheric Dominance Within Frontal Cortex

Theoretischer Hintergrund

- Neglect tritt häufiger bei rechtshemisphärischen Läsionen auf (in frontalen, parietalen und subcorticalen Regionen) und ist in diesem Fall auch schwerer
  - o Da diese Regionen bei räumlicher Aufmerksamkeitsverschiebung involviert sind, suggeriert dies eine hemisphärische Asymmetrie bei den Mechanismen, die räumlicher Aufmerksamkeit zugrunde liegen
- Es gibt zwei verschiedene Modelle der Aufmerksamkeitskontrolle
  - o Hemispatial Theory (Heilman)
  - o Opponent Processor Model (Kinsbourne)
- Die funktionelle Asymmetrie zwischen den Hemisphären wurde bisher selten untersucht
- Die bisherige Forschung zeigte keine eindeutige Evidenz zugunsten eines der beiden Modelle
- Daneben gab es meist eine bilaterale Aktivation in einem Netzwerk, das bei räumlicher Aufmerksamkeit und der absichtlichen Verschiebung dieser eine Rolle spielt
  - o Dorsale fronto-parietale Netzwerk
    - ▪ Beinhaltet u.a. das frontale Augenfeld (FEF)
      - • Das FEF spielt bei der verdeckten und offenen räumlichen Aufmerksamkeitszuwendung eine Rolle
- Studien, die die funktionelle Rolle des linken und rechten FEF untersuchten, konnten Aufmerksamkeits- von Wahrnehmungseffekten nicht trennen

Methodik

- Zunächst Neuronavigierte TMS
  - o Das FEF wurde individuell durch fMRT lokalisiert
  - o Durch TMS wurden virtuelle Läsionen herbeigeführt
    - ▪ Im rechten und linken FEF sowie Vertex (Kontrollbedingung)
    - ▪ Jeder Proband durchlief jede Bedingung
- Direkt im Anschluss: Detection-Aufgabe im Rahmen des spatial cueing Paradigmas

- o Endogene Cues (80% valide)
- o Nutzen (*typischerweise Reaktionszeit-Vorteil bei validen Trials im Vergleich zu neutralen Trials*) und Kosten (*typischerweise Reaktionszeit-Nachteil bei invaliden Trials im Vergleich zu neutralen Trials*) konnten durch diese Aufgabe untersucht werden

Ergebnisse

- Nutzen
  - o verminderter Reaktionszeit-Vorteil in beiden Gesichtsfeldern bei der Hemmung des rechten FEF
  - o verminderter Reaktionszeit-Vorteil nur im kontralateralen Gesichtsfeld bei der Hemmung des linken FEF
- Höhere Kosten nur im linken Gesichtsfeld, unabhängig der Stimulationsseite (schwer interpretierbar)

Diskussion

- Der verringerte Nutzen wurde als Indikator für eine weniger erfolgreiche Aufmerksamkeitsverschiebung interpretiert
- Es scheint eine Dominanz der rechten Hemisphäre zu geben, da diese bei der Aufmerksamkeitsverschiebung nach links und rechts involviert zu sein scheint, die linke Hemisphäre aber nur bei der Verschiebung nach rechts
  - o Bestätigung Heilman's Theorie
- TMS als Methode kann Kausalität aufzeigen
  - o Problem: Welche Kausalität? (wirklich FEF? Oder doch assoziierte oder benachbarte Regionen?)

5. Übersicht: Elliot, 2006

   The Hierarchical Model Of Approach-Avoidance Motivation

- Approach
   - o Annäherung an einen positiven Stimulus
- Avoidance
   - o Entfernung von einem negativen Stimulus
- Hedonismus
   - o (nach Demokrit (460.370 B.C.E): Lebenseinstellung, bei der Entscheidungen auf der bloßen Berücksichtigung von Freude und Lust sowie der Vermeidung von Schmerz oder Unlust basieren.
- Psychologischer Hedonismus
   - o (nach Bentham, 1779/1879): Wonach der Mensch strebt ist nicht unbedingt das, wonach er streben sollte (→ Handeln wider besseren Wissens).

Fünf Aspekte von Approach und Avoidance:

1. Energetisierung ("spring to action") und Richtung von Handlung
   Approach = Verstärker, Avoidance = Hemmer (James 1890/1950)
2. Phsyische und/oder psychische Bewegung
3. Approach: sowohl Erreichen als auch Behalten, Avoidance: sowohl Vermeiden als auch davon los kommen (Herzberg 1966)
4. "Positiv" beinhaltet auch benefical, liked oder desirable, "negativ" auch harmful, disliked und undesirable (Berrigde 1999)
5. Stimuli können sowohl manifest als auch latent sein (objects, events, possibilities)

Approach & Avoidance sind fundamental, weil...

- sie selbst bei einfachsten Lebewesen zu beobachten sind (Schneirla, 1959).
- sie unabdingbar für eine gelungene Adaption an die Umwelt sind.
- aus ihnen die wichtigsten evolutionsrelevanten "Entscheidungen" hervorgehen (Tooby & Cosmides, 1990).
- jeder Reiz unmittelbar entweder dem einen oder anderen zugeordnet wird (Bargh, 1997).
- jeder Reiz eine behaviorale Prädisposition in die ein oder andere Richtung auslöst (Corwin, 1921).

The Hierarchical Model of Approach-Avoidance Motivation

- Ziel:
  - o Innere Repräsentation eines Objekts oder Zustandes in der Zukunft, das bzw. der erreicht oder vermieden werden will, meist die letzte Komponente in einem Motivationsprozess
- Motiv:
  - o Ein Motiv ist eine affektbasierte Tendenz, die Individuen zu domänenspezifischen positiven oder negativen Reizen orientiert.
- Temperament:
  - o Ein Temperament ist eine allgemeine (domänenübergreifende) neurobiologische Empfindlichkeit gegenüber positiven oder negativen Reizen.
- Motive und Temperament:
  - o ..gelten als Auslöser für Approach oder Avoidance-Verhalten ohne konkrete Anleitung, wie Wünsche und Sorgen generell angegangen werden sollen. Diese Aufgabe übernehmen die Ziele, die wiederum von Motiven und Temperament mitbestimmt werden.
- Zielkomplex:
  - o Ein Zielkomplex ist ein kontextspezifisches regulatorisches Konstrukt, das bei Annahme eines Ziels gebildet wird und im Gedächtnis verbleibt, bis das Ziel und/oder das zugrunde liegende Motivationswunschinteresse erreicht, verändert oder aufgegeben werden.

6. Übersicht: Gianotti et al., 2009
Tonic Activity Level In The Right Prefrontal Cortex Preditcs Individuals' Risk Taking

Theoretischer Hintergrund

- Risikobereitschaft ist individuell sehr heterogen. Bisher wurde nicht untersucht, ob neurale dispositionelle Determinanten diese Variabilität erklären könnten
- Evidenz aus Bildgebungsstudien dafür, dass der PFC bei riskanten Entscheidungsprozessen involviert ist (Gehirnaktivität während des Entscheidungsprozesses untersucht)
- Resting-state EEG misst die tonische kortikale Aktivität
  o Ist unabhängig von der eigentlichen Aufgabe
  o Ist intraindividuell stabil
  ➤ Geeignete Methode, um dispositionelle individuelle Unterschiede zu erfassen
- Patienten mit Gehirnverletzungen, die den PFC betreffen, zeigen eine Tendenz zu risikoreicheren Entscheidungen und vernachlässigen negative Konsequenzen ihrer Handlungen (Rahman et al., 2001); besonders bei Patienten mit rechtsseitigen Läsionen (Clark et al., 2003)
- Gehirnaktivität im PFC mittels rTMS manipuliert signifikant riskantere Entscheidungen getroffen, wenn der rechte (aber nicht der linke) laterale PFC „verletzt" wurde (Knoch et al., 2006)

Methodik

- Stichprobe: 40 Probanden (weiblich, rechtshändig, Ø24.8 Jahre, SD = 5.8 Jahre)
- Probanden wussten nicht, dass die Studie Risikoneigung untersucht
- Ablauf des Experiments:
  o Zuerst Resting-state EEG: 20 s Augen offen, 40 s Augen geschlossen (4x) (für die Analyse wurden die 160 s mit geschlossenen Augen verwendet)
  o Danach: Risk Task
  o Zuletzt: Persönlichkeitsfragebögen zu Impulsivität und Selbstkontrolle
- Risk Task:
  o In der Aufgabe stieg das Risiko dynamisch mit jeder zusätzlichen Handlung an
  o 50 Trials

14

- o Reihe von 7 geschlossenen Boxen auf einem Computerbildschirm präsentiert, die nacheinander von rechts nach links geöffnet werden konnten
- o 6 Boxen mit finanziellem Gewinn („win boxes") und eine „loss box", die dazu führt, dass der Trial endet und das im Trial gesammelte Geld verloren geht
- o „loss box" randomisiert
- o Erste win box gibt einen 1 win point (0.35 Schweizer Franken), zweite Box 2 win points, dritte Box 3 win points etc.
- o Nach jeder Box entscheidet Proband, ob eine weitere Box geöffnet werden soll
- o 4.5 Boxen zu öffnen hat den höchsten zu erwartenden Wert
- o Mit jeder geöffneten Box steigt das Risiko das Gesammelte zu verlieren an
  - ▪ mehr Boxen zu öffnen ist eine riskantere Strategie als wenige zu öffnen
  - ▪ die durchschnittliche Anzahl geöffneter Boxen wurde als Indikator für die individuelle Risikobereitschaft genutzt
- Cz diente als Referenz, Augenbewegungen wurden erfasst und Artefakte korrigiert, Fast Fourier Transformation
- Sieben Frequenzbänder analysiert: delta (1.5–6 Hz), theta (6.5–8 Hz), alpha1 (8.5–10 Hz), alpha2 (10.5–12 Hz), beta1 (12.5–18Hz), beta2 (18.5–21 Hz), beta3 (21.5–30 Hz)
- Die Methode hier unterscheidet von der üblichen Asymmetrie-Bestimmung
- Quellanalyse mit sLORETA (Standardized low-resolution brain electromagnetic tomography)
  - o Quellen identifiziert, die für die an der Kopfhaut gemessene Aktivität verantwortlich sind
  - o Für jedes der sieben Frequenzbändern
  - o Elektrische neurale Aktivität als elektrische Stromdichte (current density; A/m^2)
- Alle Voxel des PFC getrennt für die rechte und linke Hemisphäre betrachtet
- Intrazerebraler Asymmetrieindex: die log-transformierte durchschnittliche elektrische Stromdichte im linken PFC wurde von der log-transformierten durchschnittlichen elektrischen Stromdichte im rechten PFC abgezogen (separat für jedes der sieben Frequenzbänder)
- Asymmetrieindizes wurden mit dem risikobereiten Verhalten (Ø geöffnete Boxen) korreliert

Ergebnisse

- Risikobereites Verhalten war positiv korreliert mit größeren rechtsseitigen als linksseitigen slow-wave Okzillationen in präfrontalen Arealen
  - delta: r(38) 5 .49, prep > .955
  - theta: r(38) 5 .46, prep > .931
- ➢ Das Ausmaß in dem die kortikale Hypoaktivität in der rechten Hemisphäre größer ist als in der linken ist positiv damit assoziiert, wie viele Boxen geöffnet werden
- Laut Quellanalyse wurde diese Hypoaktivität im rechten lateralen PFC generiert
- Keine Korrelationen von Impulsivität und Selbstkontrolle mit dem intrazerebralen frontalen Asymmetrieindex, weder delta noch theta
- Beziehung zwischen Asymmetrieindex und risikobereitem Verhalten bleibt signifikant, auch wenn man die Kovarianz der Impulsivität-Scores und Selbstkontroll-Scores herauspartialisiert

Diskussion

- Befunde zeigen, dass neurale Charakteristika, die über die Zeit stabil sind, hoch komplexes Verhalten wie Risikobereitschaft vorhersagen können. Außerdem weisen die Befunde darauf hin, dass Hypoaktivität im rechten PFC als dispositioneller Indikator für geringe Regulationsfähigkeiten fungieren könnte, die sich in Risikoverhalten ausdrücken
- Individuen mit höherer Risikoneigung zeigten eine höhere Prävalenz von slow-wave Oszillationen im rechten PFC als Individuen mit geringer Risikoneigung
  - passt zu bisherigen Befunden!
- Passt zu Studien mit Individuen mit ADHS   diese haben häufig geringe Selbstregulation und zeigen erhöhte frontale slow-wave baseline EEG Aktivität
- Hypoaktivität im rechten PFC könnte das Fehlen von regulatorischen Fähigkeiten reflektieren (diese wären nötig um der verführerisch wirkenden aber risikoreichen Option zu widerstehen)
- Befunde auch interessant, wenn man das im Jugendalter erhöhte risikosuchende Verhalten bedenkt

- o Im Jugendalter hat sich der PFC noch nicht vollständig entwickelt das könnte die reduzierten Kapazitäten zur Selbstregulation erklären, die sich in mehr Risikoverhalten äußern
- Diese Befunde können auch zu Studien in Bezug gesetzt werden, die nahelegen, dass Hypoaktivität im rechten PFC eine selektive Vernachlässigung von negativen Konsequenzen oder annäherungsbezogenes Verhalten oder beides reflektiert; verminderte Avoidance und/oder starker Approach
- Alternativerklärung: höheres Risikoverhalten bei Individuen mit rechter PFC Hypoaktivität, da diese Risiken suchen, um ein relativ unteraktiviertes System auszugleichen
- Der Befund, dass risikobereites Verhalten nicht mit der durch Selbstbericht erfassten Impulsivität und Selbstkontrolle zusammenhängt, passt zu bisherigen Studien, die keine Beziehung zwischen Selbstbericht und behavioralen Messungen fanden
  - o Könnte daran liegen, dass Selbstbericht nicht das Verhalten widerspiegelt und die Leistung in einer Verhaltensaufgabe weniger von der Selbstwahrnehmung und sozialer Erwünschtheit beeinflusst ist
- Therapeutische Perspektive
  - o Befunde könnten helfen, um ein Neurofeedback Training zu entwickeln frontale Asymmetrie ändern und das tonische Aktivitätslevel im rechten PFC erhöhen; somit selbstregulatorische Fähigkeiten erhöhen und die Fähigkeit zu adaptiven Entscheidungen in Risikosituationen verbessern

7. Übersicht: Harmon-Jones & Allen, 1998
   Anger And Frontal Brain Activity: EEG Asymmetry Consistent With Approach Motivation Despite Negative Affective Valence

Theoretischer Hintergrund

- rechts-anteriore Regionen sind mit Vermeidungs-Motivation und negativem Affekt assoziiert
- links-anteriore Regionen sind mit Annäherungs-Motivation und positivem Affekt assoziiert
- Evidenz durch
  - o Läsionspatienten
  - o Alpha-Power-Untersuchungen bei klinischen Stichproben
  - o Feststellung, dass individuelle Unterschiede in der frontalen kortikalen Asymmetrie mit dispositionalen Maßen zusammenhängen
- Problem in Vorgänger-Studien
  - o mögliche Konfundierung: keine Differenzierung/gemeinsame Manipulation von Motivation und Affekt

Fragestellung und Hypothesen

- Dissoziation der Rolle von Motivation und Affekt über Wut
  - o negative Emotion
  - o mit Annäherungs-Motivation assoziiert (Aggression!)
- wenn die anteriore Asymmetrie als Funktion der affektiven Valenz variiert, sollte ansteigende Wut mit ansteigender rechts-anteriorer Aktivität einhergehen
- wenn die anteriore Asymmetrie als Funktion der motivationalen Richtung variiert, sollte ansteigende Wut mit ansteigender links-anteriorer Aktivität einhergehen

Methodik

- Kinder einer Middle-School (N=19) und psychiatrische Patienten (N=7) mit affektiven und Impulskontroll-Problemen
- Fragebögen zur Erfassung von

- o Händigkeit
- o Trait-Aggressivität (Unterskala: Wut)
- o pos. und neg. Affekt (PANAS)
- EEG-Aufzeichnung zur Erfassung der kortikalen Asymmetrie
- Bestimmung des Asymmetrie-Indices
  - o Alpha-Power ist invers mit Aktivität assoziiert
  - o log alpha rechts - log alpha links; höhere Werte stehen für relativ stärkere linke Aktivität

Ergebnisse

- anteriorer Asymmetrie-Index korreliert positiv mit Trait-Wut ($r = .48$) größere links-frontale Aktivität bei steigender Wut
- welche Hemisphäre ist für den Effekt verantwortlich?
  - o Regression zur Kontrolle der mittleren Gesamt-Aktivität und der Aktivität in der homologen Elektrode
    - Residual-Varianz wird mit Fragebogen-Daten korreliert
    - positive Korrelation der rechten anterioren Alpha-Power mit Wut
    - negative Korrelation der linken anterioren Alpha-Power mit Wut
- Zusammenhänge stabil, wenn nur gesunde Probanden betrachtet werden
- Spezifität bezüglich der Lokalisation: nur für anteriore Asymmetrie-Indices, nicht für Asymmetrie-Indices an anderen Elektroden signifikant
- keine Spezifität bezüglich des Frequenz-Bands: signifikante Zusammenhänge der Asymmetrie-Indices mit Alpha-, Beta-und Theta-Aktivität, keine Zusammenhänge mit Delta-Aktivität
- keine signifikanten Zusammenhänge zwischen Asymmetrie-Indices und pos./neg. Affekt

Fazit

- frontale Asymmetrie bildet eher Unterschiede in der motivationalen Richtung als im Affekt ab

8. Übersicht: Pfattheicher, 2015

Regulatory Focus Perspective On Reputational Concerns: The Impact Of Precention-Focused Selfregulation

<u>Theoretischer Hintergrund</u>

- Das Streben nach einem „guten Ruf" ist ein essentieller Faktor der Evolution von menschlichen Beziehungen und Kooperationen in sozialen Beziehungen
- Menschen verändern ihr Verhalten in der Gegenwart von anderen, um ihren Ruf zu verbessern
- Personen mit guter Reputation wirken prosozial und vertrauenswürdiger; für die Jobsuche wichtig
- Regulatory Focus Theory; Zwei mögliche *self-regulatory orientations* (oder *regulatory foci*):
    o prevention-focused orientation (Präventionsfokus)
        ▪ Bevorzugung von Avoidance-Strategien, um ein Ziel zu erreichen
        ▪ Nach Erreichen des Ziels wird Ruhe und Gelassenheit empfunden
        ▪ Nach Verfehlen des Ziels wird Aufregung und Angst empfunden
    o promotion-focused orientation (Promotionsfokus)
        ▪ Bevorzugung von Approach-Strategien, um ein Ziel zu erreichen
        ▪ Nach Erreichen des Ziels wird Fröhlichkeit und Glück empfunden
        ▪ Nach Verfehlen des Ziels wird Entmutigung und Trauer empfunden

<u>Fragestellung und Hypothesen</u>

1. Überprüfung des Zusammenhangs von Ruf betreffenden Bedenken und der individuellen *self-regulatory orientation*
2. Überprüfung des Zusammenhangs von einer Veränderung des Verhaltens unter Beobachtung und der individuellen *self-regulatory orientation*

<u>Study 1</u>

- Annahme:Je stärker eine Person einen Präventionsfokus hat, umso sensibler ist sie für Reputation betreffende Bedenken.

- Methode: Probandenrekrutierung über die Plattform „Amazon Mechanical Turk" (3 Samples)
- Regulatory Focus: Regulatory Focus Scale von Lockwood et al. (2002)
- Reputional Concerns: Concern for Reputon Scale von Cremer and Tyler (2005) & Approval by Others Scale von Crocker et al. (2003)
- Neuroticism: Big Five Inventory von John et al. (1991, 2008)
- Stress: Perceived Stress Scale von Cohen et al. (1983)
- ➤ Ergebnisse bestätigen die Annahme!

Study 2

- Annahme: Je stärker der Präventionsfokus einer Person ist, desto eher verändert diese ihr Verhalten hin zu prosozialen Attributen (mehr Geld spenden) unter Beobachtung anderer.
- Methode: Probandenrekrutierung in Universität (Sample 1) und online (Sample 2)
- Regulatory Focus: Regulatory Focus Scale von Lockwood et al. (2002)
- Prosocial donations (Sample 1): Studenten der Universität Ulm: Probanden konnten am Ende des Versuchs das Geld, das sie für die Teilnahme bekommen haben (3 Euro in sechs 50 Cent Münzen), an eine HIV-Organisation spenden
- Prosocial donations (Sample 2): Probandenrekrutierung durch Amazon Mechanical Turk; Virtuelles ökonomisches Online-Game, in dem man einem anonymen Mitspieler Geld spenden kann, um ihn in schwerer wirtschaftlicher Not zu helfen. Das nicht ge-spendete Geld durfte behalten werden (bis zu 100 US-Cents)
- Raputation Cue: Stilisierte Augen („watching eyes") vs. keine Cues
- Neuroticism: Big Five Inventory von John et al. (1991, 2008)

Ergebnis

- Personen mit starkem Präventionsfokus spenden unter Beobachtung (vs. keine Be-obachtung) signifikant mehr Geld
- Je stärker der Präventionsfokus einer Person ist, umso stärker hat sie das Bedürfnis, einen guten Ruf zu wahren
- Präventionsfokussierte Menschen verändern ihr Verhalten hin zu einem prosozialen Verhalten, falls ihr Ruf in Gefahr ist

21

<u>Alternativerklärungen</u>

- Angst oder Stress könnten die Probanden beeinflusst haben, da diese Variablen bekanntermaßen mit einem prevention focus assoziiert sind
- Es wurde in beiden Studien für die Variablen Angst und Stress kontrolliert; Ergebnisse sind also *nicht* auf Angst oder Stress zurückzuführen

9. Übersicht: Roskes et al., 2011
   The Right Side? Under Time Pressure, Approach Motivation Leads To Right-Oriented Bias

Theoretischer Hintergrund

- Lateralisierung im Gehirn dient zur Reduktion der kognitiven Kosten
- evolutionsbiologischer Mechanismus: alle Menschen haben die gleiche Lateralisierung im Gehirn, Vorteil: Koordination einer Gruppe da gleiche Verhaltenstendenzen, dadurch wird das Überleben der Gruppe erhöht
- bei Zeitdruck wird nach evolutionsbasierten, automatischen Instinkten gehandelt, dabei Neigung des Verhaltens nach rechts
- bei Motivation zur Annäherung erfolgt ein rechtsseitig orientiertes Verhalten mit Aktivierung der linken Hirnhemisphäre, Beispiele: Hunde neigen Körper nach rechts wenn sie ihr Herrchen sehen, Menschen neigen Köpfe beim Küssen nach rechts, beim Line-Bisection-Test unter Zeitdruck gibt es eine Abweichung nach rechts
- ohne Zeitdruck können Menschen ihr instinktives Verhalten ausschalten und ihr Verhalten in eine bestimmte Richtung beeinflussen

Fragestellung und Hypothesen

- Untersuchung, ob sich der Faktor Zeit unter einer bestimmten Motivation (Annäherung/Vermeidung) auf die Neigung eines Menschen zu einer bestimmten Seite hin auswirkt, mithilfe von zwei Methoden (Experiment und Datenanalyse)
    - o Unter hohem Zeitdruck wird bei Annäherungsmotivation das instinktive Verhaltensmuster aktiviert, mit einer Neigung nach rechts und einer gleichzeitigen Aktivierung in der linken Hemisphäre.

Methodik: Experiment

- $N= 38$ (w= 28, m= 10)
- Durchschnittsalter: $M= 21,34$ Jahre
- Bezahlung: 2,50€ für die Teilnahme
- 2x2-Design: Motivation zur Annäherung/Vermeidung & hoher/niedriger Zeitdruck

- Aufteilung in 4 Gruppen: Annäherungsmotivation und hoher Zeitdruck, Annäherungsmotivation und niedriger Zeitdruck, Vermeidungsmotivation und hoher Zeitdruck, Vermeidungsmotivation und niedriger Zeitdruck
- Vorgehen:
  o Herstellung von Annäherungsmotivation durch digitale Abbildung in der eine Maus in einem Labyrinth ein Stück Käse jagt, Verstärkung durch Schreiben einer Kurzgeschichte zum Thema: „Der schönste Tag im Leben der Maus"
  o Herstellung von Vermeidungsmotivation durch Abbildung einer Maus, die von einer Eule gejagt wird, Verstärkung durch Schreiben einer Kurzgeschichte zum Thema: „Der schreckliche Tod der Maus"
  o anschließend Line-Bisection-Test unter hohem Zeitdruck (= 4ms) oder niedrigem Zeitdruck (= 1,5ms)
  o Berechnung eines Motivationsindex, dafür Bewertung der folgenden zwei Aussagen auf einer 7-stufigen Skala
    - „Mir war es wichtig den Line-Bisection-Test gut durchzuführen"
    - „Ich habe versucht so genau wie möglich zu sein"

Ergebnis

- unter niedrigem Zeitdruck war die Durchschnittszeit zum Halbieren der Linie größer
- alle Gruppen waren mit $M = 6.11$ hoch motiviert
- bei Annäherungsmotivation und hohem Zeitdruck zeigte sich beim Line-Bisection-Test eine Abweichung nach rechts -> Bestätigung der Hypothese
- bei niedrigem Zeitdruck kein Effekt in den Gruppen erkennbar

Interpretation

- Theoretischer Rahmen:
  o bei Fußballspielen bildet ein 11-Meter während eines unentschiedenen Spiels eine besondere Situation mit Anspannung für Torschütze und Torwart, da beide dasSpielergebnis beeinflussen können
  o FIFA-Worldcup-Spiele: meistgesehenes sportliches Event, Gewinn oder Verlust hat bedeutende Konsequenzen für die Spieler

- o lt. Oliver Kahn (2010): psychologisches Spiel zwischen Torwart und Torschüt-ze, Torwart kann anhand der Körpersprache des Torschützen lesen in welche Richtung dieser den Ball schießen wird
- o Torschütze hat kurz Zeit um sich zu überlegen in welche Richtung er schießt, Torwart handelt instinktiv
- o Torschützen haben eine Motivation zur Vermeidung und Torhüter zur Annähe-rung
- o Fußballer arbeiten strategisch und zielorientiert, daher wird geplantes Verhal-ten vom Torwart ausgeschlossen und sein Sprung orientiert sich an seinen Ins-tinkten
- o Schütze und Torwart haben beide drei Richtungen in die sie sich bewegen können: rechts, links und mittig nach vorne
- o 2x2 Design: Motivation zur Sprungrichtung des Torschützen (rechts, links, mittig vorne) und Spielstand der Mannschaft des Torwarts (Gleichstand, Vor-sprung, Hinten)
- o Torwart ist besonders motiviert zur Annäherung, wenn seine Mannschaft hin-ten liegt
- Daten:
  - o 22 FIFA-Worldcup-Finalrunden mit Gleichstand der Mannschaften
  - o daraus 204 Elfmeterbegegnungen
- Ergebnis:
  - o Bälle wurden zu 71% erzielt, 20% gehalten und 9% gingen daneben
  - o Torwart springt unter Annäherungsmotivation, wenn dessen Mannschaft hinten liegt, in 79% der Daten nach rechts und zu 21% nach links -> Bestätigung der Hypothese
  - o Torschützen schießen zu 50% nach rechts und zu 50% nach links
  - o Chance den Ball zu halten wäre drei Mal größer bei nichtinstinktivem Verhal-ten

Diskussion:

- Studie belegt, dass Menschen eine Neigung nach rechts zeigen unter Notwendigkeit nach einer schnellen Handlung -> automatisierte und instinktive Verhaltensweisen
- Faktor Zeit eliminiert überlegtes Verhalten

- Vorteil von instinktbasierten Verhaltenstendenzen: bei allen Menschen gleich ausgeprägt, positiv für Koordination einer Gruppe
- Nachteil von instinktbasierten Verhaltenstendenzen: kann in Alltagssituationen nicht ausgeschaltet werden, kann sich in strategischen Situationen negativ auswirken z.B. beim 11-Meter im Fußball
- Grund für die instinktbasierten Verhaltenstendenzen: Hirnlateralisierung bei Menschen ist darauf ausgerichtet, dass sich Menschen gemeinsam in einer Gruppe koordinieren können, statt gegeneinander Konkurrenzkämpfe zu führen

10. Übersicht: de Schotten et al., 2011
A Lateralized Brain Network For Visuospatial Attention

Theoretischer Hintergrund

- Die rechte Hemisphäre ist in der visuellen räumlichen Aufmerksamkeit dominant, anatomische Basis dafür bislang unbekannt
- Diese Studie: erstmals klare Hinweise darauf, dass das relative Volumen des SLF 2 im Vergleich von rechter zu linker Hemisphäre mit der Asymmetrie in der Erfüllung visuell räumlicher Aufgaben korreliert
- Tier- und Menschenstudien legen nahe, dass direkt verbundene Kernregionen im Frontal- und Parietalkortex relevant für räumliche Aufmerksamkeit sind

Fragestellung und Hypothesen

- Der superiore longitudinale fasciculus (SLF)
  - o Parieto-frontale Verbindungsbahnen zwischen Netzwerken/Zellkörpern/grauer Substanz, sie selbst sind weiße Substanz
  - o 3 SLF, die sowohl in rechter als auch linker Hemisphäre liegen
- Lage & Funktionen
  - o SLF 1: dorsal; top-down/aktive/goal-driven Aufmerksamkeit
  - o SLF 2: mittlerer; steuert Kommunikation zw. SLF 1 und SLF 3/ zw. ventral und dorsal/ zw. aktiver und automatischer Aufmerksamkeit
  - o SLF 3: ventral; bottom-up/automatische /salient -driven Aufmerksamkeit; häufig verletzt bei Neglect-Patienten

Methodik

1. Erfassung der parieto-frontal Verbindungen mittels „diffusion imaging tractography" (= 3D Modellierungstechnik von Nervenbahnen) zur Bestimmung des Volumens der einzelnen SLFs
   - o Parieto-frontale Verbindungen sind im Menschen- und Affenhirn gleichermaßen in 3 länglich verlaufende Bahnen organisiert
   - o 1. Befund – Volumina:

- SLF 1: nicht lateralisiert
- SLF 2: eher rechts lateralisiert, jedoch nicht signifikant
- SLF 3: rechts lateralisiert

2. Linienhalbierungstest = subjektive Mitte einer waagerechten Linie soll markiert werden
    o Allgemeinpopulation: immer kleine Abweichung von der wahren Mitte nach links
        - Wird „Pseudo-Neglect" genannt und zurückgeführt auf stärkeres Volumen des SLF 2 in der rechten Hemisphäre im Vgl zur linken Hemisphäre
    o 2. Befund: Korrelation zwischen Abweichung und SLF2-Volumen:
        - größeres Volumen des SLF 2 in der rechten Hemisphäre korreliert mit größerer Abweichung nach links und andersherum
        - Korrelationen für SLF1 und SLF 3 nicht signifikant
        - Resultierende Hypothese: Abweichung nach links im Test liegt an visuell räumlicher Verarbeitungsgeschwindigkeit, die zwischen den Hemisphären entlang des SLF 2 unausgeglichen zu sein scheint

3. Posner Paradigma (zur Prüfung der Hypothese)= Targets im linken vs. rechten Hemifield entdecken
    o 3. Befund: Korrelation zwischen Detektionszeiten und SLF2-Volumen:
        - größeres Volumen des SLF 2 in rechter Hemisphäre (sowie größere Abweichung nach links im Halbierungstest) korrelieren mit schnellerem Entdecken von Targets im linken Hemifield und andersherum
        - Korrelationen für SLF 1 und SLF 3 nicht signifikant
    o 4. Befunde: Korrelation zwischen Detektionszeiten und Abweichung im Linienhalbierungstest:
        - Je stärker die Abweichung im Linienhalbierungstest nach links ist, desto schneller erkennt man targets im linken Hemifield

Diskussion

- Schlussfolgerungen der SLF werden auf das gesamte neuronale Netzwerk bezogen, indem gesagt wird, dass die SLF sich mit den jeweiligen dorsalen/ventralen Netzwerken überlagern

- o Aber sie verbinden diese Netzwerke „ja nur"!
- gezeigt, dass Faserbahnen rechts und links hemisphärisch unterschiedliche Volumen haben und dass ein Zusammenhang zwischen den Faserbahnen in der einen Hemisphäre und der kontralateralen Aufmerksamkeit besteht
    - o Aber das beweist erstmal nicht, dass für die Steuerung der Aufmerksamkeit die rechte Hemisphäre dominanter und wichtiger ist

11. Übersicht: Toba et al., 2011
Attention Biases The Perceived Midpoint Of Horizontal Lines

Theoretischer Hintergrund

- Patienten mit einer Läsion der rechten Hemisphäre (Neglect-Patienten) tendieren dazu, ihre Aufmerksamkeit auf Objekte oder Reize zu richten, die sich im rechten Hemifeld befinden, und das linke Hemifeld tendenziell zu vernachlässigen
- Beim Präsentieren einer horizontalen Linie lässt sich deshalb bei Neglect-Patienten folgendes beobachten:
  o Tendenz dazu, eine horizontale Linie zu weit rechts vom realen Mittelpunkt zu halbieren
  o Rechter Linienabschnitt wird subjektiv länger wahrgenommen als dieser wirklich ist und linker Linienabschnitt als subjektiv kürzer
- Gesunde Probanden (ohne Läsion) schätzen die Linienabschnitte konträr zu den Neglect-Patienten ein, jedoch ist bei ihnen der Fehler deutlich geringer (dies wird als Pseudoneglect bezeichnet)
- Diese Asymmetrie bei gesunden Probanden resultiert möglicherweise aus der Spezialisierung der rechten Hemisphäre für räumliche Aufmerksamkeit oder aus dem antrainierten Lesen von links nach rechts

Fragestellung und Hypothesen

- Überprüfung, ob Längenschätzung tatsächlich mit relativen Aufmerksamkeitsmechanismen verknüpft werden kann (Werden Längen von Neglect Patienten anders eingeschätzt aufgrund einer verzerrten Aufmerksamkeitsorientierung?)
- Studie beinhaltet drei Expermimente, die zeigen sollen, dass der *Attentional Repulsion Effect* (Aufmerksamkeitsabstoßeffekt) durch einen exogenen Cue die Wahrnehmung des Mittelpunkts einer Linie verzerren kann
- Studie wird an gesunden Probanden durchgeführt, um die asymmetrische Orientierung der exogenen Aufmerksamkeit zu zeigen
- Zentrales Phänomen: Attentional Repulsion Effect (abgek. ARE; Aufmerksamkeitsabstoßeffekt):

- o Wahrgenommene Verschiebung einer Linie oder eines Punktes in die entgegengesetzte Richtung des Aufmerksamkeitsfokusses
- o Der Aufmerksamkeitsfokus wird durch einen Cue auf sich gezogen
- o Die Aufmerksamkeitsvergrößerung um einen angezeigten Cue führt dazu, dass der Linienabschnitt, der näher am Cue liegt, imaginär gestreckt und als länger wahrgenommen wird

Methodik: Exp. 1

- Acht Probanden bekamen auf einem Bildschirm zunächst entweder einen rechten, einen linken oder keinen exogenen Cue und anschließend eine horizontale Linie mit einer Bisektionsmarkierung angezeigt. Die Probanden sollten durch Tastendruck angeben, ob die Bisektionsmarkierung zu weit rechts oder zu weit links vom wahrgenommenen Mittelpunkt verlief
- Für jede der drei Bedingungen (kein, rechter oder linker Cue) gab es 11 verschiedene Bisektionsmarkierung, die in zufälliger Reihenfolge angezeigt wurden
- Insgesamt durchlief jeder Proband 660 mal den beschriebenen Ablauf
- In Experiment 1 war das Fixationskreuz in der Mitte des Bildschirms die ganze Zeit weiterhin zu sehen

Methodik: Exp. 2

- Der Versuchsaufbau war identisch zum ersten Experiment mit dem Unterschied, dass das Fixationskreuz am Bildschirm diesmal nicht zu sehen war
- 5 Probanden nahmen beim zweiten Experiment teil

Methodik: Exp. 3

- Der Versuchsaufbau war identisch zum zweiten Experiment mit dem Unterschied, dass nach den Längen der Abschnitte gefragt wurde (welcher Abschnitt ist länger bzw. welcher Abschnitt ist kürzer)

Ergebnis:

- Der ARE war bei allen Probanden und allen drei Experimenten zu beobachten: Rechte Cues "verschoben" die gezeigte Bisektionsmarkierung weiter nach links und linke Cues "verschoben" die angezeigte Bisektionsmarkierung weiter nach rechts
- Anhand der Tastendrücke der Probanden wurde für jede Bedingung jeweils ein PSE (point of subjective equality) berechnet. Dieser gibt an, an welchem Punkt der horizontalen Linie ein Gleichgewicht (also jeweils 50%) der Antwortoptionen „Bisektionsmarkierung liegt rechts vom Mittelpunkt" und „Bisektionsmarkierung liegt links vom Mittelpunkt" entsteht; Symmetrische Teilung
- Es ergaben sich bei allen drei Experimenten ähnliche Resultate:
  o In der Bedingung "Cue links" liegt der PSE links vom realen Mittelpunkt
  o In der Bedingung "Cue rechts" liegt der PSE nur leicht rechts vom realen Mittelpunkt
  o In der Bedingung "Kein Cue" liegt der PSE links vom realen Mittelpunkt bzw. in Experiment 3 leicht rechts vom Mittelpunkt
  o Es gab einen signifikanten Haupteffekt der Cue-Bedingung

Diskussion

- ARE bedingt, dass wahrgenommer Abstand vom Cue zur Bisektionsmarkierung vergrößert wird
- Längenschätzung bzw. die Wahrnehmung des Mittelpunktes wird durch Aufmerksamkeitsmechanismen beeinflusst
- Die Befunde bei Läsionspatienten können durch deren Aufmerksamkeitsfokus erklärt werden
- Generell wird der Linienabschnitt, auf dem der Aufmerksamkeitsfokus liegt (bedingt durch Läsion oder in diesem Fall Cues), überschätzt und subjektiv länger wahrgenommen, als er tätsächlich ist
- Gesunde Probanden haben einen Pseudoneglect aufgrund einer stärkeren Aktivität der rechten Hemisphäre in Bezug auf räumliche Aufmerksamkeit, die einer stärkere Aufmerksamkeit auf das linke Hemifeld generiert

12. Übersicht: Tomarken et al., 1990
Resting Frontal Brain Asymmetry Predicts Affective Response To Films

Theoretischer Hintergrund

- Bei der Wahrnehmung und beim Ausdruck von negativen Emotionen sind rechtshemi-
  sphärische anteriore Hirnregionen und bei positiven Emotionen linke anteriore Regionen stärker aktiviert
  o Gefunden in Studien mit depressiven und gesunden Erwachsenen und Kindern;
    unterstützt durch Läsionsstudien: Bei linksseitigen kortikalen und subkortika-
    len anterioren Läsionen tritt eine depressive Symptomatik auf
- Individuelle Unterschiede im Grad der Aktivierung posteriorer Regionen sind zeit-
  stabil und sagen Leistung in kognitiven Aufgaben vorher
  o Befunde zeigen sich sowohl in EEG-Studien als auch bei Studien zum Blut-
    fluss im Gehirn; auch Studien zu Verhaltensmaßen, die mit hemisphärischer
    Aktivierung zusammenhängen, und zur Leistung in kognitiven Aufgaben un-
    terstützen dies
- ➢ Die Autoren möchten die beiden Beobachtungen zusammenfügen und fragen sich, ob
  individuelle Unterschiede der frontalen Asymmetrie die unterschiedliche Prädisposition emotional zu reagieren anzeigen könnten. Dazu gibt es bereits eine erste Studie mit
  10 Monate alten Kleinkindern, die zeigte, dass Kinder mit relativ hoher rechter frontaler Aktivierung bei einer Trennung von der Mutter eher zum Weinen neigten als Kinder mit einer relativ hohen linken frontalen Aktivierung.

Fragestellungen

- Sagt die frontale Asymmetrie auch bei Erwachsenen die emotionale Reaktivität vor-
  her?
- Welche affektiven Dimensionen und diskreten Emotionen werden durch die frontale
  Asymmetrie vorhergesagt?

Methodik

- Ableitung eines Ruhe-EEG (mit geschlossenen und geöffneten Augen)

- Rating des emotionalen Zustandes (auf den Skalen interest, happiness, amusement, sadness, anger, fear, disgust)
- Anschauen emotionaler Filme (pos.: spielende Tiere; neg.: z.b. Beinamputationen)
- Rating des emotionalen Zustandes (gleiche Skalen wie zu Anfang)
- Interessierende Maße:
  o EEG-Asymmetrie von zwei anterioren (mid-frontal; anterior temporal) und zwei eher posteriore Regionen (zentral und parietal); als Differenz der rechten Elektrode und der zugehörigen linken Elektrode
  o Globale positive und globale negative emotionale Reaktionen auf Filme (in Anlehnung an die Theorie, dass man Emotionen auf diesen zwei globalen Dimensionen erklären kann)
  o Summe der positiven und negativen Reaktionen (Maß der generellen emotionalen Reaktivität; Arousal) und Differenz der positiven Reaktionen auf positive Filme und negativer Reaktionen auf negative Filme (affektive Valenz)
  o Diskrete Emotionen Wut, Ekel, Traurigkeit, Angst; Freude

Ergebnisse

- hierarchischen Regression:
  o Lediglich frontale Aktivierung ergab erwartungsgemäß signifikante Effekte (temporale, parietale und zentrale nicht)
  o Es gab wie erwartet signifikante Zusammenhänge zwischen relativ hoher rechter frontaler Aktivierung und negativen emotionalen Reaktionen
  o Entgegen der Erwartung kein signifikanter Zusammenhang zwischen hoher linker frontal Aktivierung und positiven emotionalen Reaktionen
  o Frontale Asymmetrie konnte wie vermutet signifikant die affektive Valenz vorhersagen
  o Generelle Reaktivität brachte erwartungsgemäß keine signifikanten Zusammenhänge
  o Alle Ergebnisse sind unabhängig von der vorher erfassten Grundstimmung der Probanden

- Regressionen für diskrete Emotionen:

- o Frontale Asymmetrie sagt signifikant die Differenz zwischen positiven Emotionen und Angst vorher
- o Frontale Asymmetrie sagt signifikant die Differenz zwischen Freude und Ekel vorher

Diskussion

- Frontale Asymmetrie sagt tatsächlich globale negative Emotionen auf Filme vorher und auch die Valenz
- Die Ergebnisse sind auf frontale (anteriore) Regionen beschränkt und erstrecken sich nicht auf posteriore
- Unterstützt die Kleinkindstudie; in beiden ist die frontale Asymmetrie ein state-unabhängiger Marker für die subjektive emotionale Reaktivität
- Zu klären ist, warum der Effekt nicht bei positiven Filmclips gefunden wurde à es könnte an den Filmen liegen, die in der Studie verwendet wurden

Amodio, D. M., Shah, J. Y., Sigelman, J., Brazy, P. C., & Harmon-Jones, E. (2004). Implicit regulatory focus associated with asymmetrical frontal cortical activity. *Journal of Experimental Social Psychology, 40*, 225–232.

Cattaneo, Z., Lega, C., Boehringer, J., Gallucci, M., Girelli, L., & Carbon, C.-C. (2014). Happiness takes you right: The effect of emotional stimuli on line bisection. *Cognition and Emotion, 28*, 325–344.

Chieffi, S., Iachini, T., Iavarone, A., Messina, G., Viggiano, A., & Monda, M. (2014). Flanker interference effects in a line bisection task. *Experimental Brain Research, 232*, 1327–1334.

Duecker, F., Formisano, E., & Sack, A. T. (2013). Hemispheric differences in the voluntary control of spatial attention: Direct evidence for a right-hemispheric dominance within frontal cortex. *Journal of Cognitive Neuroscience, 25*, 1332–1342.

Elliot, A. J. (2006). The hierarchical model of approach-avoidance motivation. *Motivation and Emotion, 30*, 111–116.

Gianotti, L. R. R., Knoch, D., Faber, P. L., Lehmann, D., Pascual-Marqui, R. D., Diezi, C., … Fehr, E. (2009). Tonic activity level in the right prefrontal cortex predicts individuals' risk taking. *Psychological Science, 20*, 33–38.

Harmon-Jones, E., & Allen, J. J. B. (1998). Anger and frontal brain activity: EEG asymmetry consistent with approach motivation despite negative affective valence. *Journal of Personality and Social Psychology, 74*, 1310–1316.

Pfattheicher, S. (2015). A regulatory focus perspective on reputational concerns: The impact of prevention-focused selfregulation. *Motivation and Emotion, 39*, 932–942.

Roskes, M., Sligte, D., Shalvi, S., & De Dreu, C. K. W. (2011). The right side? Under time pressure, approach motivation leads to right-oriented bias. *Psychological Science, 22*, 1403–1407.

de Schotten, M. T., Dell'Acqua, F., Forkel, S. J., Simmons, A., Vergani, F., Murphy, D. G. M., & Catani, M. (2011). A lateralized brain network for visuospatial attention. *Nature Neuroscience, 14*, 1245–1246.

Toba, M.-N., Cavanagh, P., & Bartolomeo, P. (2011). Attention biases the perceived midpoint of horizontal lines. *Neuropsychologia, 49*, 238–246.

Tomarken, A. J., Davidson, R. J., & Henriques, J. B. (1990). Resting frontal brain asymmetry predicts affective responses to films. *Journal of Personality and Social Psychology, 59*, 791–801.